BEI GRIN MACHT SICH IHR WISSEN BEZAHLT

AF 136902

- Wir veröffentlichen Ihre Hausarbeit, Bachelor- und Masterarbeit

- Ihr eigenes eBook und Buch - weltweit in allen wichtigen Shops

- Verdienen Sie an jedem Verkauf

Jetzt bei www.GRIN.com hochladen und kostenlos publizieren

Bibliografische Information der Deutschen Nationalbibliothek:

Die Deutsche Bibliothek verzeichnet diese Publikation in der Deutschen National-
bibliografie; detaillierte bibliografische Daten sind im Internet über http://dnb.d-
nb.de/ abrufbar.

Impressum:

Copyright © 2018 GRIN Verlag
Druck und Bindung: Books on Demand GmbH, Norderstedt Germany
ISBN: 9783346247339

Dieses Buch bei GRIN:

https://www.grin.com/document/923094

Daniel Krüger

Evaluation der Konformität zwischen E-Learning und Lerntheorien

GRIN Verlag

GRIN - Your knowledge has value

Der GRIN Verlag publiziert seit 1998 wissenschaftliche Arbeiten von Studenten, Hochschullehrern und anderen Akademikern als eBook und gedrucktes Buch. Die Verlagswebsite www.grin.com ist die ideale Plattform zur Veröffentlichung von Hausarbeiten, Abschlussarbeiten, wissenschaftlichen Aufsätzen, Dissertationen und Fachbüchern.

Besuchen Sie uns im Internet:

http://www.grin.com/

http://www.facebook.com/grincom

http://www.twitter.com/grin_com

FOM Hochschule für Ökonomie & Management
Hochschulzentrum Mannheim

Seminararbeit

Evaluation der Konformität
zwischen E-Learning und Lerntheorien

Hochschule:	FOM Hochschule Hochschulzentrum Mannheim
Modul:	Interdisziplinäre Aspekte der Wirtschaftsinformatik
Studiengang: Kurs:	IT Management (Master of Science) MIT WS17 MA
Student:	Herr Daniel Krüger

Inhaltsverzeichnis

Abkürzungsverzeichnis

CBT	Computer Based Training
DK	Durchschnittliche Konformität (Mittelwert)
IKT	Informations- und Kommunikationstechnik
ITS	Intelligentes Tutorielles System
K	Kriterien
KI	Künstliche Intelligenz
KS	Konformitätsstufen
TS	Tutorielles System
LCMS	Learning Content Management System
LMS	Learning Management System
M	Merkmale der Lerntheorien
MA	Merkmalsausprägungen der Lerntheorien
WBT	Web Based Training

Abbildungsverzeichnis

Tabellenverzeichnis

1 Einleitung

1.1 Motivation

Bereits seit den neunziger Jahren wird E-Learning in Hochschulen und Unternehmen eingesetzt (BLUMSTENGEL 1998, S. 42). E-Learning bietet Lehrenden und Lernenden einen Flexibilitätsvorteil. Beispielsweise bei der Nutzung freier Zeiträume und der Überwindung räumlicher Distanz. Durch E-Learning können - im Vergleich zum Präsenzunterricht - bei einer größeren Anzahl von Lernenden die Kosten gesenkt werden (nach KERRES 2012, S. 97). Das Wort „Präsenzunterricht" ist ein zusammengesetztes Wort (Kofferwort), das die zwei Teilwörter „Präsenz" und „Unterricht" enthält. Das erste Teilwort „Präsenz" bezeichnet „Anwesenheit, Gegenwärtigkeit" (DUDEN-UNIVERSAL 2015, S. 1377). Das zweite Teilwort „Unterricht" bezeichnet eine „planmäßige, regelmäßige Unterweisung Lernender durch einen Lehrenden" (DUDEN-UNIVERSAL 2015, S. 1862). Andreas Wittke von der Fachhochschule Lübeck schreibt: „E-Learning ist gescheitert. E-Learning wird sich nicht durchsetzen, davon bin ich inzwischen überzeugt" (WITTKE 2017). Aufgrund der aufgeführten Vorteile wäre anzunehmen, dass E-Learning den Präsenzunterricht bereits verdrängt haben sollte. Diese Verdrängung ist bisher jedoch tatsächlich ausgeblieben (nach ARNOLD, KILIAN, THILLOSEN u. a. 2018, S. 33). Dies motiviert zu einer Beschäftigung mit dem Thema.

1.2 Ziel

Ziel dieser Seminararbeit ist die Evaluation (Bewertung, Vergleich) der Konformität (Vereinbarkeit, Übereinstimmung) zwischen E-Learning (technische Unterstützung des Lernens) und Lerntheorien (psychologisches Verständnis des Lernens).

1.3 Vorgehensweise

Zunächst werden in Kapitel 2 die verschiedenen Lerntheorien beschrieben. Diese liefern unterschiedliche Erklärungsversuche für die Art und Weise des Lernens. Sie werden durch vier Merkmale (M) attribuiert (vgl. Kapitel 2.1). Anschließend werden zu jeder Lerntheorie spezifische Merkmalsausprägungen (MA) definiert (vgl. Kapitel 2.2 bis 2.5), welche die Charakteristika der Lerntheorien enthalten.

Im Anschluss werden in Kapitel 3 die Merkmalsausprägungen (MA) in Kriterien (K) für die Evaluation überführt. Danach werden verschiedene Methoden, Elemente und Systeme aus dem E-Learning ausgewählt, beschrieben und bzgl. der Konformität zu den Kriterien (K) evaluiert (vgl. Kapitel 3.2 bis 3.4).

Abschließend werden in Kapitel 4 die Evaluationsergebnisse zusammengefasst. Es wird ein Ausblick auf weiterführende Fragestellungen gegeben.

2 Lerntheorien

2.1 Definition

Der Begriff „Lerntheorien" setzt sich zusammen aus den Begriffen „Lernen" und „Theorien" (Plural).

Der Begriff „Lernen" wird in allen Wissenschaften als Grundbegriff angesehen (nach NOLDA 2008, S. 81). Nach NOLDA (2008, S. 81) existieren in den Wissenschaften unterschiedliche Definitionen des Lernbegriffs parallel. Für den Lernbegriff in Bezug auf die Lerntheorien ist jedoch „in erster Linie die Psychologie zuständig" (NOLDA 2008, S. 81). In der Psychologie wird als wesentlichstes Merkmal des Lernens die Erfahrungsbildung herausgestellt (nach SPEKTRUM 2018). Die „Erfahrung" ist „allgemeine Lebenserfahrung und Gesamtheit aller bisher im Leben gesammelten Eindrücke sowie das durch Erleben, Anschauung, Empfindung Gewonnene, das beim Problemlösen eine große Rolle spielt" (SPEKTRUM 2018). Der Vorgang des Lernens bzw. die Erfahrungsbildung wird „Lernprozess" genannt (nach DORSCH 2017, S. 997). Nach Abschluss des Lernprozesses kann der (vorher Lernende) dann Erfahrene „sich anders verhalten anders denken, anders wollen, anders handeln" (SPEKTRUM 2018) als zuvor. Das „Verhalten" ist jenes Geschehen, das außenseitig wahrnehmbar ist (nach SPEKTRUM 2018). Beispielsweise die selbständig kontrollierbare Muskelaktivität und die Sprache (nach DORSCH 2017, S. 1775). Das „Denken" bezieht sich auf kognitive Vorgänge (nach DORSCH 2017, S. 379). Auf kognitive Vorgänge wird in Kapitel 2.3 näher eingegangen. Das „Handeln" ist ein zielgerichtetes Verhalten (DORSCH 2017, S. 716). In der psychologischen Literatur wird darauf hingewiesen, dass über den Lernprozess noch zu wenig bekannt ist „um eine einzige umfassende Theorie des menschlichen Lernens zu formulieren" (NOLDA 2008, S. 82). In der Psychologie existieren deshalb verschiedene Theorien parallel, die versuchen den Lernprozess zu erklären (nach LEFRACOIS 2015, S. 23).

Der Begriff „Theorie" (Singular) wird definiert als eine Zusammenstellung „wissenschaftlich begründeter Aussagen zur Erklärung bestimmter Tatsachen oder Erscheinungen und der ihnen zugrunde liegenden Gesetzlichkeiten" (DUDEN-UNIVERSAL 2015, S. 1759). Die Theorie beschreibt „die derzeit beste Annäherung" (KARMASIN und RIBING 2010, S. 84). In der Psychologie werden unter dem Begriff „Lerntheorien" (Plural) unterschiedliche Auffassungen über das Lernen subsumiert (nach ARNOLD, KILIAN, THILLOSEN u. a. 2018, S. 123). Nach ARNOLD, KILIAN, THILLOSEN u. a. (2018, S. 123 ff.) können vier grundlegende Lerntheorien unterschieden werden:

1. Behaviorismus,
2. Kognitivismus,
3. Konstruktivismus und
4. Konnektivismus.

Die Unterschiede zwischen den Lerntheorien werden durch Merkmale (M) in den Kapiteln 2.2 bis 2.5 beschrieben. Nach dem DUDEN-UNIVERSAL (2015, S. 1190) ist ein „Merkmal" etwas Unterscheidendes, über das eine Sache erkennbar wird. Die folgende Tabelle definiert eine Auswahl von Merkmalen zur Unterscheidung der Lerntheorien:

Merkmale (M):
M1 Rolle des Lernenden in einer Lerntheorie
M2 Rolle des Lehrenden in einer Lerntheorie
M3 Lernziele in einer Lerntheorie
M4 Lernprozess in einer Lerntheorie

Tabelle 1: Merkmale zur Unterscheidung der Lerntheorien

Der Begriff „Rolle" bezieht sich auf das erwartete Verhalten (nach DUDEN-UNIVERSAL 2015, S. 1473) des Lernenden (M1) oder des Lehrenden (M2). Das „Lernziel" (M3) beschreibt das erwartete Ergebnis des Lernprozesses (nach BLUMSTENGEL 1998, S. 134 f.). Auf den Lernprozess (M4) wurde bereits eingegangen. Im Weiteren werden zu jeder Lerntheorie die spezifischen Unterschiede erarbeitet und als Merkmalsausprägungen (MA) bezeichnet. Das Verb „ausprägen" wird im DUDEN-UNIVERSAL (2015, S. 230) definiert als „sich herausbilden, offenbar werden". Eine exakte Abgrenzung der Lerntheorien voneinander ist jedoch schwierig, da diese „nur bequeme Etiketten für extrem komplexe Theorien darstellen. Sogar Theorien, die sehr unterschiedlich erscheinen, enthalten oft gemeinsame Ideen" (LEFRANCOIS 2015, S. 23).

2.2 Behaviorismus

Der Begriff „Behaviorismus" beinhaltet das englische Wort „behavior". Nach LANGENSCHEIDT (2018) wird „behavior" mit „Verhalten" übersetzt. Der Behaviorismus beschäftigt sich mit der Erforschung von menschlichen und tierischen Verhaltensweisen (nach DUDEN-UNIVERSAL 2015, S. 1895). Nach LEFRANCOIS (2015, S. 22) wird im Behaviorismus davon ausgegangen, dass der Lernprozess nur direkt beobachtbar ist. Indirekt beobachtbare Vorgänge im Lernenden - also das, was während des Lernens im Lernenden geschieht - werden als „Blackbox" bezeichnet (nach OTT 2007, S. 36). Im Behaviorismus wird deshalb auf Erklärungsversuche der Blackbox bewusst verzichtet und der Lernprozess wird absichtlich empirisch auf die Beschreibung externer, objektiver Vorgänge reduziert. Diese externen Vorgänge werden „Reiz" bzw. „Stimulus" und „Reaktion" genannt (nach OTT 2007, S. 36). Ein „Reiz" ist eine „physikalisch messbare Einwirkung (z. B. Licht, Schall, Druck), die in einzelnen Sinnes- und Nervenzellen (Rezeptoren) bei hinreichender Intensität und Dauer eine Erregung auslöst" (SPEKTRUM 2018). Der Zustand der Erregung bedeutet einen „Stimulus" (Aktivierung) des betreffenden Sinnesorgans (z. B. Auge), was dann zu einer Reaktion führen kann (nach SPEKTRUM 2018). Nach SPEKTRUM (2018) ist eine „Reaktion" ein „durch einen Reiz ausgelöstes Verhalten emotionaler oder rationaler Natur, das auch aus komplexen Handlungsabläufen bestehen kann". Die folgende Abbildung 1 zeigt den Zusammenhang:

Abbildung 1: Reiz, Blackbox und Reaktion

Der Lernende nimmt einen Reiz (1) wahr. Der Reiz gelangt in die Blackbox (2) und infolgedessen kann eine Reaktion (3) ausgelöst werden. Auf der Grundlage dieses Zusammenhangs führt der Psychologe Iwan Pawlow ein „Experiment" durch, das in der Literatur „Der Pawlowsche Hund" genannt wird (nach LEFRANCOIS 2015, S. 34 ff.). Ein Experiment ist ein „wissenschaftlicher Versuch, durch den etwas entdeckt, bestätigt oder gezeigt werden soll" (DUDEN-UNIVERSAL 2015, S. 564). Nach LEFRANCOIS (2015, S. 3) muss bei der Entwicklung von Theorien zum menschlichen Lernen auch der tierische Lernprozess berücksichtigt werden. Pawlows Experiment beschreibt das „Reiz-Reaktions-Lernen" (nach OTT 2007, S. 36) und wird in der Literatur als Beispiel für die „Klassische Konditionierung" aufgeführt (nach OTT 2007, S. 36 und LEFRANCOIS 2015, S. 34 ff.).

Zunächst wird einem angebundenen Hund ein mit Futter gefüllter Napf gezeigt (Reiz). Durch die vom Hund erwartete Nahrungsaufnahme wird der Speichelfluss des Hundes angeregt (Reaktion). Erst wenn ein Glockenton (neutraler Reiz) zu hören ist, darf der Hund fressen. Der neutrale Reiz steht zunächst in keinem Zusammenhang mit irgendeiner Reaktion des Hundes. Ein neutraler Reiz ist ein „Reiz, der die Auftretenshäufigkeit eines Verhaltens weder vermehrt noch vermindert" (SPEKTRUM 2018). Nach mehreren Wiederholungen des Experiments erfolgt der Speichelfluss des Hundes auch dann, wenn der Hund nur den Glockenton (den zuvor neutralen Reiz) wahrnimmt – und nicht das Futter (den ursprünglichen Reiz). Der Hund wird „konditioniert", was bedeutet, zu „bewirken, dass eine Reaktion auch dann eintritt, wenn an die Stelle des ursprünglich auslösenden Reizes ein anderer tritt" (DUDEN-UNIVERSAL 2015, S. 1033). „Klassisches Konditionieren ist typisch für das Lernen bei Tieren und kann beim Menschen negative Wirkungen vermeiden helfen" (OTT 2007, S. 37). Beispielsweise können beim Menschen dadurch Ängste abgebaut werden (nach OTT 2007, S. 37).

Aufbauend auf der „Klassischen Konditionierung" beschreibt der Psychologe Edward Thorndike die „Instrumentelle Konditionierung". In einem Experiment wird ein hungriges Tier (z. B. eine Katze) in einen Käfig („Puzzle Box") gesperrt. Im Käfig befindet sich ein Mechanismus (z. B. Hebel), der dem Tier eine Tür nach draußen öffnet. Andere Objekte im Käfig (z. B. Seile) öffnen die Tür nicht. Hinter der Tür befindet sich Futter. Zunächst erkundet das Tier den Käfig planlos. Nach einiger Zeit betätigt das Tier zufällig den Mechanismus (aktive Umwelteinwirkung), die Tür öffnet sich (Umweltreaktion) und das Tier gelangt nach draußen und frisst das Futter (Konsequenz). In den Wiederholungen des Experiments betätigt das Tier den Mechanismus nach immer kürzeren Zeiten. Nach OTT (2007, S. 37) versteht Thorndike das Lernen als Suchprozess. Durch Versuch und Irrtum wird vom Tier diejenige Reaktion eingeübt, die zur befriedigenden Konsequenz führt (Verstärkung). Nach einer gewissen Zeitspanne ohne befriedigende Konsequenz nach der Betätigung des Mechanismus' ist die Reaktion seltener zu beobachten (Löschung). Thorndike erkennt aufgrund seiner Beobachtungen verschiedene Gesetzmäßigkeiten:

1. Das Gesetz der Bereitschaft (Das Tier muss einen Anreiz haben. Die Bereitschaft, etwas zu tun, ergibt sich aus Hunger bzw. Futter.)
2. Das Gesetz der Übung (Das Tier muss eine gewisse Anzahl an Übungen absolviert haben, damit sich das neue Verhalten festigt. Abhängig von der Anzahl der Übungen wird das Tier schneller, bis es zum Futter gelangt.)
3. Das Gesetz der Auswirkung (Die Häufigkeit des Auftretens eines Verhaltes richtet sich nach den erlebten Konsequenzen.)

Der Psychologe Burrhus Skinner verändert Thorndikes Experiment zur „Operanten Konditionierung" (nach OTT 2007, S. 37). Grundlage für Skinners neues Experiment ist Thorndikes „Gesetz der Auswirkung" (nach LEFRANCOIS 2015, S. 97). Skinner differenziert jedoch zwischen verschiedenen Reaktionsarten: „Reaktionen, die durch einen Stimulus (bzw. Reiz) ausgelöst werden, werden als Respondenten bezeichnet. Reaktionen, die von einem Organismus ausgelöst werden, als Operanten. Bei respondentem Verhalten reagiert der Organismus auf die Umwelt, während er bei operantem Verhalten auf die Umwelt einwirkt" (LEFRANCOIS 2015, S. 97). Ein „Organismus" ist ein „Lebewesen" (nach DUDEN-UNIVERSAL 2015, S. 1302). Skinner erkennt, „dass die klassische Konditionierung nur bei respondentem Verhalten funktioniert" (LEFRANCOIS 2015, S. 97) und ist davon „überzeugt, dass die meisten Verhaltensweisen von Menschen operant sind" (LEFRANCOIS 2015, S. 97). Er untersucht deshalb gezielt operantes Verhalten.

In Skinners Experiment wird ein Tier (z. B. eine Ratte) in einen Käfig gesetzt („Skinner Box"), der einen Mechanismus (z. B. Hebel) enthält. Zudem enthält der Käfig visuelle Stimulatoren (z. B. Lampen) und akustische Stimulatoren (z. B. Lautsprecher). Der Käfigboden besteht aus einem Metallgitter. Über den Mechanismus hat das Tier (Organismus) die Möglichkeit, auf die Umwelt aktiv einzuwirken (operantes Verhalten). Betätigt das Tier den Mechanismus, erhält es einen Operanten (eine Reaktion, die von einem Organismus ausgelöst wurde). Nach DORSCH (2017, S. 1206) unterscheidet Skinner im Experiment vier Steuerungsmöglichkeiten für Operanten:

1. Positive Verstärkung (dem Verhalten folgt eine angenehme Konsequenz),
2. Negative Verstärkung (dem Verhalten folgt das Ausbleiben einer unangenehmen Konsequenz),
3. Bestrafung (dem Verhalten folgt eine unangenehme Konsequenz),
4. Löschung (dem Verhalten folgt weder eine unangenehme noch eine angenehme Konsequenz).

Beispielsweise sind für das Tier eine „angenehme Konsequenz" die offene Tür zum Futter und eine „unangenehme Konsequenz" ein Stromstoß (eine kurzzeitig fließende elektrische Energie) über das Metallgitter. Skinner erkennt durch sein Experiment, dass die Häufigkeit des Hebeldrückens durch das Tier weniger abhängig vom vorangehenden Reiz bzw. Stimulus, als von der darauffolgenden Konsequenz ist (nach OTT 2007, S. 37). Nach einer aktiven Einwirkung eines Organismus auf die Umwelt (operantes Verhalten) sind somit hauptsächlich die Steuerungsmöglichkeiten (indirekt die Konsequenzen) dafür ausschlaggebend, ob der Organismus die operante Aktion wiederholt oder nicht. Nach OTT (2007, S. 37) ist die Operante Konditionierung auf den Menschen anwendbar.

Der Psychologe Albert Bandura erweitert die Operante Konditionierung zum „Beobachtungslernen" (nach LEFRANCOIS 2015, S. 351). Das Beobachtungslernen „bezeichnet die Imitation von Modellen" (LEFRANCOIS 2015, S. 351). Die „Imitation" ist das Nachahmen bzw. eine Nachahmung (nach DUDEN-UNIVERSAL 2015, S. 909). Ein „Modell" im Sinne Banduras ist „jede Repräsentation eines Verhaltensmusters" (LEFRACOIS 2015, S. 351). Nach LEFRACOIS (2015, S. 351) ist ein Modell eine Person, deren Verhalten als Anleitung bzw. als Schablone (Muster) für eine andere Person dient.

Die dargestellten Konditionierungen und das Beobachtungslernen haben Gemeinsamkeiten, die typisch für den Behaviorismus sind. Die Gemeinsamkeiten werden in einer Tabelle zusammengefasst und als Merkmalsausprägungen (MA) bezeichnet. Den bereits in Kapitel 2.1 eingeführten Merkmalen (M) werden die behavioristischen Merkmalsausprägungen (MA) tabellarisch zugeordnet:

Merkmale (M):	Merkmalsausprägungen (MA):
M1 Rolle des Lernenden	MA1.1 Starre Vorgabenorientierung, Fixierung auf Soll-Ist-Vergleich
M2 Rolle des Lehrenden	MA1.2 Autorität liefert starre Vorgaben (Instruktionen) und Konsequenzen
M3 Lernziele	MA1.3 Reproduktion, Imitation (Nachahmung), richtige Antworten, fixe Abläufe
M4 Lernprozess	MA1.4 Statischer Ablauf, kontinuierliche Ergebniskontrolle

Tabelle 2: Behavioristische Merkmalsausprägungen MA1.1 bis MA1.4
(in Anlehnung an BLUMSTENGEL 1998, S. 108)

2.3 Kognitivismus

Der Begriff „Kognitivismus" bezeichnet ebenfalls eine Lerntheorie. Das Adjektiv „kognitiv" wird im DUDEN-UNIVERSAL (2015, S. 1022) beschrieben als „das Wahrnehmen, Denken, Erkennen betreffend". Im Kognitivismus wird versucht, die Vorgänge im Lernenden (während des Lernens) zu beschreiben. Dies ist eine wesentliche Abweichung vom Behaviorismus (vgl. Kapitel 2.2), der keine Erklärung für Lernvorgänge im Lernenden liefert. Der Psychologe Jean Piaget geht davon aus, dass im Lernenden „Assimilationsschemata" existieren (nach DORSCH 2017, S. 1643). Ein Assimilationsschema beinhaltet „die typische Art und Weise, wie ein Individuum eine bestimmte Klasse von Objekten erkennt und handhabt" (DORSCH 2017, S. 201). Ein Assimilationsschema ist eine „Vereinfachung durch Abstraktion vom Individuellen und Unwesentlichen" (DORSCH 2017, S. 1474). Eine „Abstraktion" ist eine Verallgemeinerung (nach DUDEN-UNIVERSAL 2015, S. 102). Der DUDEN-UNIVERSAL (2015, S. 1004) definiert den Begriff „Klasse" als „Einheit mit gemeinsamen, sich von anderen unterscheidenden Merkmalen". Die im Lernenden bestehenden Assimilationsschemata „stellen einen Niederschlag von Erfahrungen dar" (DORSCH 2017, S. 201). Der Einfachheit halber werden „bestehende Assimilationsschemata" im Weiteren als „Wissen" bezeichnet.

Zu Beginn des Lernprozesses erhält der Lernende einen „Input" (1) aus der Umwelt. DORSCH (2017, S. 797) definiert „Input" als „allgemeine Bezeichnung für aufgenommene Reize". Nach der Reiz-Aufnahme erfolgt im Lernerden eine „kognitive Informationsverarbeitung" (2). Nach der Informationsverarbeitung kommt es evtl. zum „Output" (3). DORSCH (2017, S. 1226) beschreibt den Output als „Reaktion, die nach einem Reiz auftritt". In Abbildung 2 wird der Zusammenhang verdeutlicht:

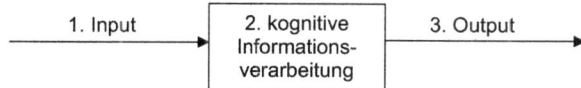

Abbildung 2: Kognitive Informationsverarbeitung

Piaget verwendet für die „kognitive Informationsverarbeitung" den Begriff der „kognitiven Adaption" (nach DORSCH 2017, S. 96). Eine „Adaption" ist eine „Anpassung des Organismus' an die jeweiligen Umweltbedingungen" (DUDEN-UNIVERSAL 2015, S. 110). Die „kognitive Adaption" ist folglich eine geistige Anpassung. Bestandteile der kognitiven Adaption sind „Assimilation" und „Akkommodation" (nach DORSCH 2017, S. 96). Der Begriff „Assimilation" bedeutet, auf bekannte Situationen mit Reaktionen zu reagieren (in Anlehnung an LEFRANCOIS 2015, S. 226). Piaget beschreibt die Assimilation als einen Prozess, der durch einen Input gestartet wird und diesen weiterverarbeitet (nach DORSCH 2017, S. 200).

Ein Beispiel für eine Assimilation: Der Lernende betrachtet ein Objekt (Input). Im Lernenden könnten nun beispielsweise Assimilationsschemata für einen Ball (Objekt) und einen Stein (Objekt) existieren (nach DORSCH 2017, S. 200). Idealerweise bemächtigt sich dann ein Assimilationsschema des Inputs, d. h. es diktiert, was der Input bedeutet oder ist (nach DORSCH 2017, S. 200). Ist das betrachtete Objekt ein Stein, dann sind Input und Assimilationsschema widerspruchsfrei. Es kommt zu einer Reaktion - der Stein wird evtl. mit dem Fuß gekickt (Output). Es kann jedoch vorkommen, dass mehrere Assimilationsschemata gleichzeitig aktiv sind. Im Beispiel treffen dann für den Input beide Assimilationsschemata zu und es entsteht ein Widerspruch bzw. Ungleichgewicht (nach DORSCH 2017, S. 201). Wenn sich das falsche Assimilationsschema durchsetzt, dann wird der Stein als Ball erkannt und evtl. mit einem Golfschläger geschlagen (nach DORSCH 2017, S. 200).

Das Beispiel verdeutlicht zudem, dass bei gleichem Input mehrere Lernende zu unterschiedlichem Output gelangen können, weil unterschiedliche Assimilationsschemata aktiviert werden. Idealerweise geht dann der Lehrende auf die Lernenden ein, indem er die Lernenden ihrem Wissen entsprechend aufteilt. Lernende mit ähnlichem Wissen können dann vom Lehrenden mit ähnlichen Lerninhalten versehen werden. Alternativ kann der Lehrende auch die Kommunikation zum Lernenden individualisieren. Der Begriff „Kommunikation" steht für die „Verständigung untereinander" (DUDEN-UNIVERSL 2015, S. 1029). Beispielsweise durch speziell für den Lernenden individualisierte Erklärungen von Lerninhalten (nach ARNOLD, KILIAN, THILLOSEN u. a. 2018, S. 208 f.).

Wenn kein passendes Assimilationsschema zuordenbar ist, kommt es zur „Akkommodation" (nach DORSCH 2017, S. 113). Diese wirkt komplementär zur Assimilation (nach DORSCH 2017, S. 113 f.). Dadurch können sich neue Assimilationsschemata bilden oder differenzieren, d. h. aufteilen und spezialisieren (nach DORSCH 2017, S.113 f.). Die Akkommodation bereichert bzw. erweitert folglich das Repertoire der vorhandenen Assimilationsschemata. Eine Unterstützung durch den Lehrenden sollte deshalb die Akkommodation fördern. Das gelingt durch Konfrontation des Lernenden mit kognitiven Ungleichgewichten bzw. Widersprüchlichkeiten (nach DORSCH 2017, S.113 f.).

Den bereits in Kapitel 2.1 eingeführten Merkmalen (M) werden die folgenden kognitiven Merkmalsausprägungen (MA) tabellarisch zugeordnet:

Merkmale (M):	Merkmalsausprägungen (MA):
M1 Rolle des Lernenden	MA2.1 Erweiterung des Wissens durch Verarbeitung von Input (Adaption)
M2 Rolle des Lehrenden	MA2.2 Intelligenter Tutor, ein Beobachter und Helfer, der ggf. Lerninhalte an den Lernenden anpasst (Individualisierung)
M3 Lernziele	MA2.3 Verständnis für Zusammenhänge und Ähnlichkeiten, Problemlösung
M4 Lernprozess	MA2.4 Gesteuerter Ablauf, möglichst neue bzw. verschiedene Aufgabenstellungen, Bearbeitung vorgegebener Problemstellungen

Tabelle 3: Kognitivistische Merkmalsausprägungen MA2.1 bis MA2.4
(in Anlehnung an BLUMSTENGEL 1998, S. 108)

2.4 Konstruktivismus

Der Begriff „Konstruktivismus" bezeichnet eine Lerntheorie, der zufolge das Lernen nicht als Informationsverarbeitung (vgl. Kapitel 2.3), sondern als „subjektive Konstruktion" verstanden wird (nach ARNOLD, KILIAN, THILLOSEN u. a. 2018, S. 126). Die vom Lernenden wahrgenommenen Reize führen im Lernenden zur „subjektiven Konstruktion" (nach ARNOLD, KILIAN, THILLOSEN u. a. S. 125). Der DUDEN-UNIVERSAL (2015, S. 1721) erklärt die Bedeutung von „subjektiv" mit dem Wort „abhängig". Innerhalb des Konstruktivismus bezeichnet der Begriff „Konstruktion" einen „gedanklichen Aufbau" (DUDEN-UNIVERSAL 2015, S. 1040). Die „subjektive Konstruktion" ist folglich ein von den wahrgenommenen Reizen abhängiger, gedanklicher Aufbau. Subjektive Konstruktionen können bei jedem Lernenden anders sein und von der Realität abweichen (nach ARNOLD, KILIAN, THILLOSEN u. a. 2018, S. 126). Der Begriff „Realität" stammt aus der Philosophie und bezeichnet dort eine Richtung, die eine Wirklichkeit behauptet, die von Menschen nicht vollständig wahrgenommen werden kann (nach DORSCH 2017, S. 1412). Nach DORSCH (2017, S. 1833) wird der Begriff „Wirklichkeit" definiert als „das eigentliche Sein". Auf Philosophie im Allgemeinen und philosophische Richtungen wird im Weiteren nicht vertiefend eingegangen.

Der Lernprozess ist „nach konstruktivistischer Auffassung individuell nicht vorhersehbar und nicht vermittelbar; Lehren ist dementsprechend nicht möglich, stattdessen wird von Lernbegleitung gesprochen" (ARNOLD, KILIAN, THILLOSEN u. a. 2018, S. 126). „Betont wird deshalb auch das eigenständige Entdecken" (ARNOLD, KILIAN, THILLOSEN u. a. 2018, S. 126). LEFRANCOIS (2015, S. 147) sagt dazu „entdeckendes Lernen". Nach ARNOLD, KILIAN, THILLOSEN u. a. (2018, S. 126 bis 128) ist für den konstruktivistischen Lernprozess folgendes von Bedeutung:

- Multiple Anwendungskontexte und Perspektiven. In der Theorie wird davon ausgegangen, dass die Anwendung der Lerninhalte in verschiedenen Kontexten zu einem tieferen Verständnis führt. Dadurch wird eine kritische Auseinandersetzung mit dem Lerninhalt möglich.

- Komplexe Ausgangsprobleme. In der Theorie wird eine Eingrenzung von Lerninhalten möglichst vermieden, um Offenheit und Kreativität der Lernenden gegenüber mehreren Lösungen zu fördern.

Den bereits in Kapitel 2.1 eingeführten Merkmalen (M) werden nun die konstruktivistischen Merkmalsausprägungen (MA) tabellarisch zugeordnet:

Merkmale (M):	Merkmalsausprägungen (MA):
M1 Rolle des Lernenden	MA3.1 Explorative Erweiterung der „subjektiven Konstruktionen"
M2 Rolle des Lehrenden	MA3.2 Lernbegleiter
M3 Lernziele	MA3.3 Neue Zusammenhänge entdecken und verstehen, Bewältigung von komplexen und praxisnahen Situationen
M4 Lernprozess	MA3.4 Autonomer Ablauf, keine vorgegebene Problemstellung

Tabelle 4: Konstruktivistische Merkmalsausprägungen MA3.1 bis MA3.4
(in Anlehnung an BLUMSTENGEL 1998, S. 108)

2.5 Konnektivismus

Der Begriff „Konnektivismus" bezeichnet ebenfalls eine Lerntheorie (nach SIEMENS 2014). Für den Lerntheoretiker George Siemens sind die in den Kapiteln 2.2 bis 2.4 dargestellten Lerntheorien nicht aktuell genug, da diese z. B. interaktive Elemente die die Kommunikation fördern bzw. erleichtern, nicht berücksichtigen (nach SIEMENS 2014). Auf „interaktive Elemente" wird in Kapitel 3.3.3 näher eingegangen. Siemens betrachtet den Lehrenden, den Lernenden und die interaktiven Elemente als „Knoten", die miteinander verbunden sein können (nach ARNOLD, KILIAN, THILLOSEN u. a. 2018, S. 129). Der Lernprozess wird als Verbindungsherstellung zu anderen Knoten verstanden. Lernziele beziehen sich ausschließlich auf die Verbindungsherstellung (Wo?-Aspekt) und nicht auf Inhalte (ARNOLD, KILIAN, THILLOSEN u. a. 2018, S. 129).

Den bereits in Kapitel 2.1 eingeführten Merkmalen (M) werden die folgenden konnektivistischen Merkmalsausprägungen (MA) tabellarisch zugeordnet:

Merkmale (M):	Merkmalsausprägungen (MA):
M1 Rolle des Lernenden	MA4.1 Knoten, der mit anderen Knoten kommuniziert
M2 Rolle des Lehrenden	MA4.2 Knoten, der mit anderen Knoten kommuniziert
M3 Lernziele	MA4.3 Möglichkeit des Wissensaustauschs mit zuvor unbekannten Knoten
M4 Lernprozess	MA4.4 Aufbau von Verbindungen zu neuen Knoten

Tabelle 5: Konnektivistische Merkmalsausprägungen MA4.1 bis MA4 4

3 E-Learning

Die in Kapitel 2 aufgeführten Merkmalsausprägungen (MA) der verschiedenen Lerntheorien werden in Kriterien (K) überführt. Ein „Kriterium" ist ein „unterscheidendes Merkmal als Bedingung für einen Sachverhalt" (DUDEN-UNIVERSAL 2015, S. 1071). Die folgende Tabelle zeigt die Kriterien (K) für die Evaluation:

Lerntheorien	Merkmale (M)	Merkmalsausprägungen (MA)	Kriterien (K)
Behaviorismus	M1	MA1.1	K1.1
	M2	MA1.2	K1.2
	M3	MA1.3	K1.3
	M4	MA1.4	K1.4
Kognitivismus	M1	MA2.1	K2.1
	M2	MA2.2	K2.2
	M3	MA2.3	K2.3
	M4	MA2.4	K2.4
Konstruktivismus	M1	MA3.1	K3.1
	M2	MA3.2	K3.2
	M3	MA3.3	K3.3
	M4	MA3.4	K3.4
Konnektivismus	M1	MA4.1	K4.1
	M2	MA4.2	K4.2
	M3	MA4.3	K4.3
	M4	MA4.4	K4.4

Tabelle 6: Kriterien (K) der Evaluation

Nach DUDEN-UNIVERSAL (2015, S. 1071) ist die Evaluation „eine sach- und fachgerechte Bewertung". Evaluiert wird die Konformität einer Auswahl von Methoden, Elementen und Systemen aus dem E-Learning. Diese werden hinsichtlich der Konformität zu den lerntheoretischen Kriterien (K) bewertet. Das Ausmaß der Konformität wird über Konformitätsstufen (KS) ausgedrückt. Folgende Konformitätsstufen (KS) sind möglich:

Konformitätsstufe (KS)		Bedeutung
Keine	0	Kriterium (K) hat keine Konformität zur Lerntheorie
Gering	1	Kriterium (K) hat geringe Konformität zur Lerntheorie
Mittel	2	Kriterium (K) hat mittlere Konformität zur Lerntheorie
Hoch	3	Kriterium (K) hat vollständige Konformität zur Lerntheorie

Tabelle 7: Konformitätsstufen (KS)

3.1 Definition

Zunächst wird der Begriff „E-Learning" definiert. Für den Begriff werden in der Literatur auch die Synonyme "eLearning", "E-Lernen" oder "electronic learning" verwendet (nach REY 2009, S. 15). Es existieren verschiedene Definitionen des Begriffs „E-Learning" parallel (nach REY 2009, S. 15). Um die begriffliche Unschärfe und die dimensionale Breite der Definitionen darzustellen, werden auszugsweise einige Definitionen aufgezeigt:

Der GARTNER-GLOSSARY (2018) definiert das E-Learning über eine Einschränkung auf das Internet: „E-learning is the use of Internet technology for learning outside of the classroom". Im DUDEN-INFORMATIK (2006, S. 322) wird das „Internet" als weltumspannendes, allgemein zugängliches Computernetz definiert. In einem „Computernetz" sind mehrere Computer miteinander verbunden und können kommunizieren.

Hingegen CLARK und MAYER (2016, S. 8, 9) beziehen sich bei der Definition auf digitale Geräte: „We define e-learning as instruction delivered on a digital device." Bestandteil dieser Definition ist eine inhaltliche Anweisung (engl. „instruction"), die auf einem digitalen Gerät (engl. „digital device") bereitgestellt wird. Nach dem DUDEN-UNIVERAL (2015, S. 168) ist eine „Anweisung" ein Befehl oder eine Anleitung. Ein „digitales Gerät" erfasst, überträgt oder verarbeitet Inhalte digital (nach DUDEN-INFORMATIK 2006, S. 198). Das Wort „digital" bezieht sich dabei auf die „Digitaltechnik" (nach DUDEN-INFORMATIK 2006, S. 198), die Inhalte in Binärcode umwandelt. Ein „Binärcode" besteht aus einer Reihenfolge von zwei Zuständen (z. B. 0 oder 1).

ARNOLD, KILIAN, THILLOSEN u. a. (2018, S. 22) definieren „E-Learning" über digitale Medien: „Mit dem Begriff E-Learning wird ein vielgestaltiges Arrangement von digitalen Medien zum Lernen bezeichnet". Nach dem DUDEN-UNIVERSAL (2015, S.1180 f.) ist ein Medium (Singular) ein „vermittelndes Element" bzw. „ein Hilfsmittel", über das Inhalte ausgetauscht werden können (beispielsweise zwischen Computern). Beispiele für digitale Medien sind die „Compact Disc" (CD) und die „Digital Versatile Disc" (DVD). Die Eigenschaften und Funktionsweisen von digitalen Medien sind für das weitere Verständnis nicht relevant und werden deshalb nicht vertiefend dargestellt.

Nach BACK, BENDEL und STOLLER-SCHAI (2001, S. 34) ist „E-Learning" ein Oberbegriff für alle Formen des technikbasierten Lernens. Der Begriff „Technik" beinhaltet die „Gesamtheit der Einrichtungen und Verfahren, die dazu dienen, die Erkenntnisse der Naturwissenschaften für den Menschen praktisch nutzbar zu machen" (nach DUDEN-UNIVERAL 2015, S. 1748). Der Oberbegriff subsumiert „Einrichtungen" und „Verfahren". Nach dem DUDEN-UNIVERSAL (2015, S. 491) ist eine „Einrichtung" eine „Vorrichtung oder Anlage" (System). Ein „Verfahren" bezeichnet nach dem DUDEN-UNIVERSAL (2015, S. 1888) die „Art und Weise der Durch- oder Ausführung" (Methode).

Tatsächlich ist ein Konsens der Autoren bei den Definitionen nicht feststellbar. Die aufgezeigte Unschärfe der Definitionen beeinflusst die Auswahl der in den folgenden Kapiteln 3.2 bis 3.4 evaluierten Methoden, Elemente und Systeme. Die Auswahl erfolgt explorativ im Rahmen der betrachteten Definitionen.

3.2 Evaluation der Methoden

Zunächst erfolgt die Evaluation der Methoden. Eine „Methode" beschreibt die Art und Weise der Durch- oder Ausführung (nach DUDEN-UNIVERSAL 2015, S. 1193).

3.2.1 Computer Based Training (CBT)

Ein Computer Based Training (CBT) bezeichnet eine Methode, bei der Lerninhalte durch den Computer festgelegt werden. Der Lernende folgt dabei den Instruktionen des Computers (nach BACK, BENDEL und STOLLER-SCHAI 2001, S. 289). Auf den Begriff „Instruktion" wurde bereits in Kapitel 3.1 eingegangen. Die Lerninhalte sind auf CD oder DVD gespeichert und werden dort ausgeführt (nach BACK, BENDEL und STOLLER-SCHAI 2001, S. 289). Nach BACK, BENDEL und STOLLER-SCHAI (2001, S. 289) können bei einem CBT die Lerninhalte nicht erweitert oder aktualisiert werden.

Die folgende Tabelle bewertet die Konformität von CBT zu den Lerntheorien:

Lerntheorien	Kriterien (K)	Konformität
Behaviorismus	K1.1 bis K1.4	Hoch
Kognitivismus	K2.1 bis K2.4	Hoch
Konstruktivismus	K3.1 bis K3.4	Gering
Konnektivismus	K4.1 bis K4.4	Keine

Tabelle 8: Konformität von CBT zu den Lerntheorien

3.2.2 Web Based Training (WBT)

Ein Web Based Training (WBT) bezeichnet eine Methode, bei der Lerninhalte ebenfalls durch den Computer festgelegt werden. Auch hier folgt der Lernende den Instruktionen des Computers (nach BACK, BENDEL und STOLLER-SCHAI 2001, S. 301). Die Lerninhalte befinden sich jedoch auf einem Server und nicht auf einem Medium – wie beispielsweise CD oder DVD (nach BACK, BENDEL und STOLLER-SCHAI 2001, S. 301). Ein „Server" ist ein Computer, der eine bestimmte Funktionalität anbietet (nach DUDEN-INFORMATIK 2006, S. 613). Ein WBT hat gegenüber einem CBT den Vorteil, dass über die Server-Funktionalität die Lerninhalte aktualisiert und erweitert werden können. Eine Verbindung zu anderen Computern ist möglich (nach BACK, BENDEL und STOLLER-SCHAI 2001, S. 301 f.).

Die folgende Tabelle bewertet die Konformität von WBT zu den Lerntheorien:

Lerntheorien	Kriterien (K)	Konformität
Behaviorismus	K1.1 bis K1.4	Hoch
Kognitivismus	K2.1 bis K2.4	Hoch
Konstruktivismus	K3.1 bis K3.4	Mittel
Konnektivismus	K4.1 bis K4.4	Hoch

Tabelle 9: Konformität von WBT zu den Lerntheorien

3.3 Evaluation der Elemente

Nach der Bewertung der Methoden (Kapitel 3.2) werden nun verschiedene Elemente aus dem E-Learning untersucht. Ein „Element" ist ein Grundbestandteil bzw. ein „Einzelteil, aus dem mit anderen zusammen etwas aufgebaut wird" (DUDEN-UNIVERSAL 2015, S. 509). Die Auswahl der zu untersuchenden Elemente erfolgt explorativ und bewegt sich im Rahmen der in Kapitel 3.1 dargestellten E-Learning-Definitionen.

3.3.1 Textuelle und auditive Elemente

Hypertext

Nach ARNOLD, KILIAN, THILLOSEN u. a. (2018, S. 185) ist ein Hypertext ein Text mit Hyperlinks. „Hyperlinks" werden synonym auch „Links" genannt und sind Verknüpfungen zwischen Hypertexten. Die Aktivierung eines Hyperlinks durch ein Eingabegerät (z. B. Computer-Maus), führt automatisch zu einem Sprung auf den anvisierten Hypertext (nach BACK, BENDEL und STOLLER-SCHAI 2001, S. 294).

Die folgende Tabelle bewertet die Konformität von Hypertext zu den Lerntheorien:

Lerntheorien	Kriterien (K)	Konformität
Behaviorismus	K1.1 bis K1.4	Keine
Kognitivismus	K2.1 bis K2.4	Mittel
Konstruktivismus	K3.1 bis K3.4	Hoch
Konnektivismus	K4.1 bis K4.4	Mittel

Tabelle 10: Konformität von Hypertext zu den Lerntheorien

Audio

Der Begriff „Audio" ist ein Synonym für „über das Internet abrufbare Tonaufnahmen" (DUDEN-UNIVERSAL 2015, S. 192).

Die folgende Tabelle bewertet die Konformität von Audio zu den Lerntheorien:

Lerntheorien	Kriterien (K)	Konformität
Behaviorismus	K1.1 bis K1.4	Keine
Kognitivismus	K2.1 bis K2.4	Hoch
Konstruktivismus	K3.1 bis K3.4	Hoch
Konnektivismus	K4.1 bis K4.4	Keine

Tabelle 11: Konformität von Audio zu den Lerntheorien

3.3.2 Visuelle Elemente

Bild, Animation

Allgemein wird unter dem Begriff „Bild" eine „Ansicht" verstanden (nach DUDEN-UNIVERSAL 2015, S. 317 f.). Nach BLUMSTENGEL (1998, S. 197 f.) werden verschiedene Arten von Bildern unterschieden:

- Realistisches Bild (eine Darstellung mit direkter Ähnlichkeit zu einem Objekt). Beispielsweise eine Fotografie.
- Logisches Bild (eine Darstellung ohne Ähnlichkeit zu einem Objekt). Beispielsweise ein Diagramm. Ein „Diagramm" ist eine „grafische Darstellung von Zahlenwerten in anschaulicher, leicht überblickbarer Form" (DUDEN-UNIVERSAL 2015, S. 417).

Der Begriff „Animation" ist die Kurzform des Begriffs „Computeranimation" (nach DUDEN-UNIVERSAL 2015, S. 150). Eine „Computeranimation" ist eine durch den Computer erzeugte Darstellung von bewegten Bildern (nach DUDEN-UNIVERSAL 2015, S. 381).

Die folgende Tabelle bewertet die Konformität von Bild und Animation zu den Lerntheorien:

Lerntheorien	Kriterien (K)	Konformität
Behaviorismus	K1.1 bis K1.4	Keine
Kognitivismus	K2.1 bis K2.4	Hoch
Konstruktivismus	K3.1 bis K3.4	Hoch
Konnektivismus	K4.1 bis K4.4	Keine

Tabelle 12: Konformität von Bild und Animation zu den Lerntheorien

Video, WebVideo, Netcast (Podcast)

Der Begriff „Video" (lat. „ich sehe") ist die Kurzform von „Videotechnik" (nach DUDEN-UNIVERSAL 2015, S. 1935). Die „Videotechnik" ist die „Gesamtheit aller Verfahren im Bereich der magnetischen Aufzeichnung und deren Wiedergabe" (nach DUDEN-UNIVERSAL 2015, S. 1936). Bei der „magnetischen Aufzeichnung" werden mehrere Bilder hintereinander (Bildsequenz) auf magnetische Bänder geschrieben. Bildsequenzen können alternativ auch in digitaler Form aufgezeichnet werden. Digitale Bildsequenzen im Internet werden „WebVideo" genannt.

Der Begriff „Podcast" bezeichnet das Anbieten von Audio- oder WebVideo-Abonnements über das Internet. Ein „Abonnement" ist ein „für eine längere Zeit vereinbarter Bezug" (DUDEN-UNIVERSAL 2015, S. 92). Nach REY (2009, S. 17) ist der Begriff „Podcast" eine Verschmelzung der zwei Teilwörter „iPod" und „Broadcasting". „Unter iPods versteht man digitale, tragbare Medienabspielgeräte der Firma Apple. Als Broadcasting bezeichnet man das Versenden von Nachrichten, wobei die Nachrichten ungezielt an alle Teilnehmer versandt werden" (REY 2009, S. 17).

Der Begriff „Netcast" kann alternativ zum Begriff „Podcast" verwendet werden. Im Gegensatz zum Begriff „Podcast", der sich auf Medienabspielgeräte der Marke Apple bezieht, ist der Begriff „Netcast" herstellerunabhängig (nach REY 2009, S. 17).

Die folgende Tabelle bewertet die Konformität von Audio zu den Lerntheorien:

Lerntheorien	Kriterien (K)	Konformität
Behaviorismus	K1.1 bis K1.4	Keine
Kognitivismus	K2.1 bis K2.4	Hoch
Konstruktivismus	K3.1 bis K3.4	Hoch
Konnektivismus	K4.1 bis K4.4	Mittel

Tabelle 13: Konformität von Video, WebVideo und Netcast zu den Lerntheorien

3.3.3 Interaktive Elemente

Interaktive Elemente ermöglichen die Interaktion zwischen dem Lernenden und einem Element. Eine „Interaktion" ist eine „Wechselbeziehung zwischen Handlungspartnern" (nach DUDEN-UNIVERSAL 2015, S. 931). Die „Wechselbeziehung" ist „wechselseitig, von der einen und der anderen Seite in gleicher Weise aufeinander bezogen" (DUDEN-UNIVERSAL 2015, S. 1991). Im E-Learning wird der Begriff „Interaktion" auf das Verhältnis zwischen dem Benutzer (Lernenden) und dem Element angewandt, sodass eine Wechselbeziehung zwischen Benutzer und Element besteht oder auch das Element selbst interaktiv ist, also eine Wechselbeziehung zulässt (nach BACK, BENDEL und STOLLER-SCHAI 2001, S. 295). Interaktivität erfordert, dass ein dynamischer, ergebnisoffener Austausch zugelassen wird (nach BACK, BENDEL und STOLLER-SCHAI 2001, S. 295).

Chat

Ein „Chat" (engl. „sich unterhalten, plaudern") ist die Kommunikation zwischen zwei oder mehreren Personen über ein Computernetz (nach BACK, BENDEL und STOLLER-SCHAI 2001, S. 288). Die Kommunikation zwischen den Personen erfolgt dabei nahezu zeitgleich, d. h. das, was eine Person sendet, wird in wenigen Sekunden von der anderen Person empfangen (nach REY 2009, S. 184). In textbasierten Chats kommuniziert eine Person, indem sie einen Text schreibt (senden). Der geschriebene Text wird dann an alle an der Kommunikation beteiligten Personen übermittelt (empfangen) und die Kombination aller geschriebenen Texte wird allen an der Kommunikation beteiligten Personen angezeigt (BACK, BENDEL und STOLLER-SCHAI 2001, S. 288).

Die folgende Tabelle bewertet die Konformität von Chat zu den Lerntheorien:

Lerntheorien	Kriterien (K)	Konformität
Behaviorismus	K1.1 bis K1.4	Keine
Kognitivismus	K2.1 bis K2.4	Hoch
Konstruktivismus	K3.1 bis K3.4	Hoch
Konnektivismus	K4.1 bis K4.4	Hoch

Tabelle 14: Konformität eines Chat zu den Lerntheorien

Simulation

ARNOLD, KILIAN, THILLOSEN u. a. (2018, S. 194) definieren eine „Simulation" wie folgt:
„Als Simulation wird entweder
1. eine Animation bezeichnet, die ein bestimmtes Niveau an Interaktivität überschreitet –
   z. B. wenn die Nutzenden bestimmte Parameter und damit den weiteren Verlauf der
   Animation beeinflussen können – oder
2. ein Computerprogramm, das Phänomene so darstellt, dass Nutzende durch interaktive
   Veränderung Schlüsse über Wirkungsprinzipien ziehen können".

Auf den Begriff „Animation" wurde bereits zu Beginn von Kapitel 3.3.2 eingegangen. Ein
„Parameter" ist eine veränderbare Größe (nach DUDEN-UNIVERSAL 2015, S. 1318).

Der Begriff „Computerprogramm" beinhaltet eine Folge von Anweisungen für einen Computer
zur Lösung einer bestimmten Aufgabe (nach DUDEN-INFORMATIK 2006, S. 521 ff.). Ein
„Phänomen" ist „etwas, was sich beobachten bzw. wahrnehmen lässt" (DUDEN-UNIVERSAL
2015, S. 1345). Das Wort „Wirkungsprinzip" setzt sich zusammen aus den Teilwörtern
„Wirkung" und „Prinzip". Das erste Teilwort „Wirkung" ist ein durch Beeinflussung bewirktes
Ergebnis (nach DUDEN-UNIVERSAL 2015, S. 2031 f.). Das zweite Teilwort „Prinzip" ist „eine
Gesetzmäßigkeit, die einer Sache zugrunde liegt" (DUDEN-UNIVERSAL 2015, S. 1383). Die
„interaktive Veränderung" durch den Nutzenden (Lernenden) ist ein Eingriff in das
Computerprogramm, dessen Ergebnis (Wirkung) sich daraufhin ändert. Aus der Beobachtung
zwischen den Eingriffen und Wirkungen auf das Computerprogramm kann der Lernende evtl.
Wirkungsprinzipien ableiten und Zusammenhänge besser verstehen.

Die folgende Tabelle bewertet die Konformität einer Simulation zu den Lerntheorien:

Lerntheorien	Kriterien (K)	Konformität
Behaviorismus	K1.1 bis K1.4	Gering
Kognitivismus	K2.1 bis K2.4	Hoch
Konstruktivismus	K3.1 bis K3.4	Mittel
Konnektivismus	K4.1 bis K4.4	Mittel

Tabelle 15: Konformität einer Simulation zu den Lerntheorien

Digitales Lernspiel / Serious Game / Game Based Learning

KERRES (2012, S. 366) definiert den Begriff „Spiel" als „eine freiwillige Aktivität, die um ihrer
selbst willen ausgeführt wird". Der DUDEN-UNIVERSAL (2015, S. 1653) erklärt den Begriff
„Spiel" als „Tätigkeit, die ohne bewussten Zweck zum Vergnügen, zur Entspannung, aus
Freude an ihr selbst und an ihrem Resultat ausgeübt wird". Nach REY (2009, S. 186) kann der
Begriff „Spiel" um Lernziele erweitert werden – das Resultat wird „Lernspiel" genannt. Ein
„Lernspiel" ist eine Interaktionsmöglichkeit, die Spieler (Lernende) emotional bindet und
Lernziele spielerisch verfolgen lässt (nach KLIMSA und ISSING 2011, S. 298). Auf Lernziele
wurde bereits in Kapitel 2.1 eingegangen.

Lernspiele können technisch als Computer- oder Videospiel umgesetzt werden. Sie werden dann „Digitale Lernspiele" genannt (nach REY 2009, S. 186). Im Folgenden werden der Einfachheit halber unter dem Begriff „Digitale Lernspiele" sämtliche Spiele verstanden die an einem Computer, an einer Videokonsole (z. B. Nintendo Wii, PlayStation oder Xbox), auf einem Handheld (tragbares Spielgerät wie z. B. Nintendo Game Boy) oder auf anderen Geräten genutzt werden können (nach REY 2009, S. 186). Nach REY (2009, S. 186) finden sich zu den Begriffen „Computerspiel" und „Videospiel" verschiedene Definitionen in der Literatur. Die Unterscheidung ist im Weiteren jedoch irrelevant. Für „Digitale Lernspiele" werden in der Literatur auch die Synonyme „Serious Game" und „Game Based Learning" verwendet (nach ARNOLD, KILIAN, THILLOSEN u. a. 2018, S. 151). KLIMSA und ISSING (2011, S. 298) bezeichnen den Begriff „Serious Game" (engl. „ernsthaftes Spiel") jedoch als „in sich widersprüchlich, da es kein ernstes Spiel geben kann". Nach ARNOLD, KILIAN, THILLOSEN u. a. (2018, S. 151) werden die Begriffe „Serious Game" und „Game Based Learning" in der Literatur nicht voneinander abgegrenzt.

Die folgende Tabelle bewertet die Konformität eines Lernspiels zu den Lerntheorien:

Lerntheorien	Kriterien (K)	Konformität
Behaviorismus	K1.1 bis K1.4	Mittel
Kognitivismus	K2.1 bis K2.4	Hoch
Konstruktivismus	K3.1 bis K3.4	Mittel
Konnektivismus	K4.1 bis K4.4	Mittel

Tabelle 16: Konformität eines Digitalen Lernspiels zu den Lerntheorien

Wiki

„Ein Wiki ist eine Sammlung von Hypertexten, die durch Links miteinander verbunden sind. Die einzelnen Seiten können von den Nutzenden nicht nur gelesen, sondern auch unkompliziert und schnell online verändert werden – der Begriff ist vom hawaiianischen Begriff ‚wikiwiki' abgeleitet, was ‚schnell' bedeutet. Für den Einsatz im E-Learning sind Wikis ein relevantes, neues Werkzeug, da sie kostengünstig und einfach individuelles und kooperatives Lernen unterstützen können" (ARNOLD, KILIAN, THILLOSEN u. a 2018, S. 227 f.). Nach ARNOLD, KILIAN, THILLOSEN u. a. (2018, S. 228 f.) hat ein Wiki folgende Eigenschaften:

- schnelle bzw. unkomplizierte Bereitstellung von Inhalten
- nicht-lineare Verknüpfung von Inhalten (Hypertexten)
- Möglichkeit des kooperativen bzw. gemeinsamen Lernens

Die folgende Tabelle bewertet die Konformität eines Wiki zu den Lerntheorien:

Lerntheorien	Kriterien (K)	Konformität
Behaviorismus	K1.1 bis K1.4	Keine
Kognitivismus	K2.1 bis K2.4	Mittel
Konstruktivismus	K3.1 bis K3.4	Hoch
Konnektivismus	K4.1 bis K4.4	Hoch

Tabelle 17: Konformität eines Wiki zu den Lerntheorien

3.4 Evaluation der Systeme

Die bereits in Kapitel 3.3 betrachteten Elemente können zu einem System zusammengefasst werden. Ein „System" ist eine „Menge von Elementen, zwischen denen bestimmte Beziehungen bestehen" (DUDEN-UNIVERSAL 2015, S. 1732).

3.4.1 Tutorielles System (TS)

Ein „Tutorielles System" (TS) ist ein weitgehend linear ablaufendes Computerprogramm mit einem hohen Grad an Vorgaben. Dabei bestimmt der Entwickler des Computerprogramms eine Instruktionsreihenfolge für den Benutzer (Lernenden), die er für optimal hält. Vom Benutzer wird dieser erzwungene Ablauf lediglich abgearbeitet. Teilweise sind einige Verzweigungen, z. B. in Hauptthemengebiete möglich, die Grundstruktur des Ablaufs ist jedoch linear (nach BLUMSTENGEL 1998, S. 38). „Tutorielle Systeme sind die älteste Form computergestützten Lernens. Sie haben ihre Wurzeln in einer behavioristisch orientierten Sichtweise des Lernens und sind durch einen eher geringen Grad an Interaktivität gekennzeichnet" (BLUMSTENGEL 1998, S. 38). Der Entwickler legt auch die Reaktionen fest, die der Benutzer bei richtigen und falschen Antworten erhält (nach BACK, BENDEL und STOLLER-SCHAI 2001, S. 295).

Die folgende Tabelle bewertet die Konformität eines TS zu den Lerntheorien:

Lerntheorien	Kriterien (K)	Konformität
Behaviorismus	K1.1 bis K1.4	Hoch
Kognitivismus	K2.1 bis K2.4	Gering
Konstruktivismus	K3.1 bis K3.4	Keine
Konnektivismus	K4.1 bis K4.4	Keine

Tabelle 18: Konformität eines TS zu den Lerntheorien

3.4.2 Intelligentes Tutorielles System (ITS)

Nach BLUMSTENGEL (1998, S. 41) kann das in Kapitel 3.4.1 dargestellte TS durch eine „Künstliche Intelligenz" (KI) zu einem „Intelligenten Tutoriellen System" (ITS) erweitert werden. Nach ERTEL (2016, S. 1 bis 3) existieren in der Literatur für den Begriff „Künstliche Intelligenz" zahlreiche Definitionen, die jedoch Schwächen aufweisen. Auf die Breite möglicher Definitionen von KI kann aus Umfangsgründen nicht näher eingegangen werden. Nach einer eingehenden Betrachtung verschiedener möglicher Definitionen von KI verwendet ERTEL (2016, S. 2) die folgende Definition: „Artificial Intelligence is the study of how to make computers do things at which, at the moment, people are better".

Die KI des ITS versucht zunächst, das vorhandene Wissen des Lernenden einzuschätzen. Beispielsweise befragt die KI den Lernenden (nach BACK, BENDEL und STOLLER-SCHAI 2001, S. 295). Nach der Einschätzung kann das ITS den Lernenden einer bestimmten Kategorie zuordnen, die dem Wissenstand des Lernenden entspricht – z. B. „Anfänger" (BACK, BENDEL und STOLLER-SCHAI 2001, S. 295). Im Idealfall verfügt das ITS über Details, mit welchen Lerninhalten der Lernende bereits vertraut ist und mit welchen nicht (nach BACK, BENDEL und STOLLER-SCHAI 2001, S. 295). Durch die daraus resultierende Möglichkeit einer individuellen Einschätzung des Lernenden „wird eine Ergänzung und Flexibilisierung angestrebt. Das System soll in der Lage sein, unterschiedliche Anforderungen der Lernenden an den Grad der Schwierigkeit und Unterstützung zu erfüllen" (BLUMSTENGEL 1998, S. 41).

Nach BLUMSTENGEL (1998, S. 41) ist ein ITS ein „Adaptives System". Die „Adaptivität" ist die Eigenschaft eines Systems „selbst den Unterstützungsbedarf der Lernenden zu ermitteln und als Ergebnis seine Lehrtätigkeiten an die Bedürfnisse der Lernenden anzupassen" (KLIMSA, ISSING 2011, S. 515). Ein Adaptives System ist folglich ein System, „dass sich während des Lernprozesses selbst an den Lernenden anpasst" (KLIMSA, ISSING 2011, S. 515). Vom Begriff der „Adaptivität" abzugrenzen ist der Begriff der „Adaptierbarkeit". Ein System „ist dann adaptierbar, wenn es so eingestellt werden kann, dass es dem Unterstützungsbedarf der Lernenden möglichst gut entspricht" (KLIMSA, ISSING 2011, S. 515). Ein ITS bzw. Adaptives System führt also die Adaptierung an den Lernenden durch, indem es eine KI zur Einschätzung des Lernenden verwendet und das Einschätzungsergebnis beim Lernprozess berücksichtig.

Die folgende Tabelle bewertet die Konformität eines ITS zu den Lerntheorien:

Lerntheorien	Kriterien (K)	Konformität
Behaviorismus	K1.1 bis K1.4	Hoch
Kognitivismus	K2.1 bis K2.4	Mittel
Konstruktivismus	K3.1 bis K3.4	Keine
Konnektivismus	K4.1 bis K4.4	Keine

Tabelle 19: Konformität eines ITS zu den Lerntheorien

3.4.3 Learning Management System (LMS)

Ein "Learning Management System" (LMS) ist eine Plattform, die den Lernenden bei der Organisation, der Dokumentation und der Kommunikation unterstützt (nach ERPENBECK, SAUTER und SAUTER 2015, S. 16). Eine „Plattform" ist eine „Basis für die Ausführung darauf aufsetzender Computerprogramme" (DUDEN-UNIVERSAL 2015, S. 1356). Im LMS werden die Lerninhalte für den Lernenden organisiert bereitgestellt. In diesem Zusammenhang beschreibt das Verb „organisieren" die systematische Vorbereitung bzw. die einheitliche Gestaltung von Lerninhalten (nach DUDEN-UNIVERSAL 2015, S. 1302). Das LMS unterstützt den Lernenden auch bei der Dokumentation. Nach ERPENBECK, SAUTER und SAUTER (2015, S. 17) bezieht sich der Begriff „Dokumentation" bei einem LMS auf eine Zusammenfassung des Fortschritts im Lernprozess. Auf den Begriff der „Kommunikation" wurde bereits in Kapitel 2.3 eingegangen.

Die folgende Tabelle bewertet die Konformität des LMS zu den Lerntheorien:

Lerntheorien	Kriterien (K)	Konformität
Behaviorismus	K1.1 bis K1.4	Keine
Kognitivismus	K2.1 bis K2.4	Keine
Konstruktivismus	K3.1 bis K3.4	Keine
Konnektivismus	K4.1 bis K4.4	Hoch

Tabelle 20: Konformität eines LMS zu den Lerntheorien

3.4.4 Learning Content Management System (LCMS)

Ein "Learning Content Management System" (LCMS) erweitert ein LMS funktional um eine Erstellungs- bzw. Bearbeitungsmöglichkeit für Lerninhalte. Der GARTNER-GLOSSARY (2018) drückt dies wie folgt aus: "An LCMS generally works in conjunction with an LMS. An LCMS manages all aspects of learning content. This includes authoring, replacement and deletion". Nach ARNOLD, KILIAN, THILLOSEN u. a. (2018, S. 87 f.) ist ein LMS nur eingeschränkt für die Unterstützung von Lernenden geeignet, da Lerninhalte (engl. „learning content") mit einem LMS nur für den Lernenden bereitgestellt, jedoch nicht erstellt bzw. bearbeitet werden können. Das LCMS behebt diesen Nachteil.

Die folgende Tabelle bewertet die Konformität eines LCMS zu den Lerntheorien:

Lerntheorien	Kriterien (K)	Konformität
Behaviorismus	K1.1 bis K1.4	Keine
Kognitivismus	K2.1 bis K2.4	Keine
Konstruktivismus	K3.1 bis K3.4	Hoch
Konnektivismus	K4.1 bis K4.4	Hoch

Tabelle 21: Konformität eines LCMS zu den Lerntheorien

4 Zusammenfassung und Ausblick

Die in Kapitel 3 bestimmten Konformitätsstufen (KS) der Methoden, Elemente und Systeme aus dem E-Learning werden in einer Tabelle zusammengefasst:

Methoden:	Behaviorismus:	Kognitivismus:	Konstruktivismus:	Konnektivismus:
CBT	Hoch	Hoch	Gering	Keine
WBT	Hoch	Hoch	Mittel	Hoch
Elemente:	Behaviorismus:	Kognitivismus:	Konstruktivismus:	Konnektivismus:
Hypertext	Keine	Mittel	Hoch	Mittel
Audio	Keine	Hoch	Hoch	Keine
Bild, Animation	Keine	Hoch	Hoch	Keine
Video, WebVideo, Netcast	Keine	Hoch	Hoch	Mittel
Chat	Keine	Hoch	Hoch	Hoch
Simulation	Gering	Hoch	Mittel	Mittel
Digitales Lernspiel	Mittel	Hoch	Mittel	Mittel
Wiki	Keine	Mittel	Hoch	Hoch
Systeme:	Behaviorismus:	Kognitivismus:	Konstruktivismus:	Konnektivismus:
TS	Hoch	Gering	Keine	Keine
ITS	Hoch	Mittel	Keine	Keine
LMS	Keine	Keine	Keine	Hoch
LCMS	Keine	Keine	Hoch	Hoch

Tabelle 22: Zusammenfassung der Konformitätsstufen (KS)

Bei bestehender Konformität zwischen E-Learning und den Lerntheorien ist zu erwarten, dass Methoden, Elemente und Systeme insgesamt alle Lerntheorien abdecken. Die Abdeckung aller Lerntheorien wird durch die spaltenweise Betrachtung von Tabelle 22 bestätigt.

Eine aussagekräftigere Konformitätsbewertung ist über die Berechnung der Durchschnittlichen Konformität (DK) möglich (in Anlehnung an LEHNER, NÖSEKABEL, KLEINSCHMIDT 2006, S. 73 ff.). Die DK wird wie folgt berechnet:

$$DK = \text{Durchschnittliche Konformität} = \sum_{k=1}^{n} \frac{KS_k}{n}$$

n   Gesamtzahl der Methoden, Elemente oder Systeme
k   jeweiliges Element, Methode oder System
KS Konformitätsstufe (vgl. Tabelle 7)

Beispielsweise werden für jede Lerntheorie die Konformitätsstufen (KS) aller Methoden summiert und durch die Anzahl der Methoden (n) dividiert. Die Ergebnisse (vgl. Tabelle 23, erste Spalte von links) sind die DK aller Methoden. In gleicher Weise werden auch die DK von Elementen und Systemen berechnet. Die Spalte „Gesamt" beinhaltet die DK insgesamt - ohne die kategoriale Unterscheidung nach Methode, Element oder System Die Tabelle 23 zeigt die Berechnungsergebnisse:

	Durch. Konformität			
	Methoden	Elemente	Systeme	Gesamt
Behaviorismus	3,00	0,38	1,50	1,67
Kognitivismus	3,00	2,75	0,75	2,21
Konstruktivismus	1,50	2,75	0,75	1,90
Konnektivismus	1,50	1,75	1,50	1,64

Tabelle 23: Zusammenfassung der Durchschnittlichen Konformitäten (DK)

Die Ergebnisse werden in Netzdiagrammen dargestellt. Auf Diagramme wurde bereits in Kapitel 3.3.2 eingegangen. Netzdiagramme ermöglichen einen Vergleich der DK in Bezug auf die Lerntheorien:

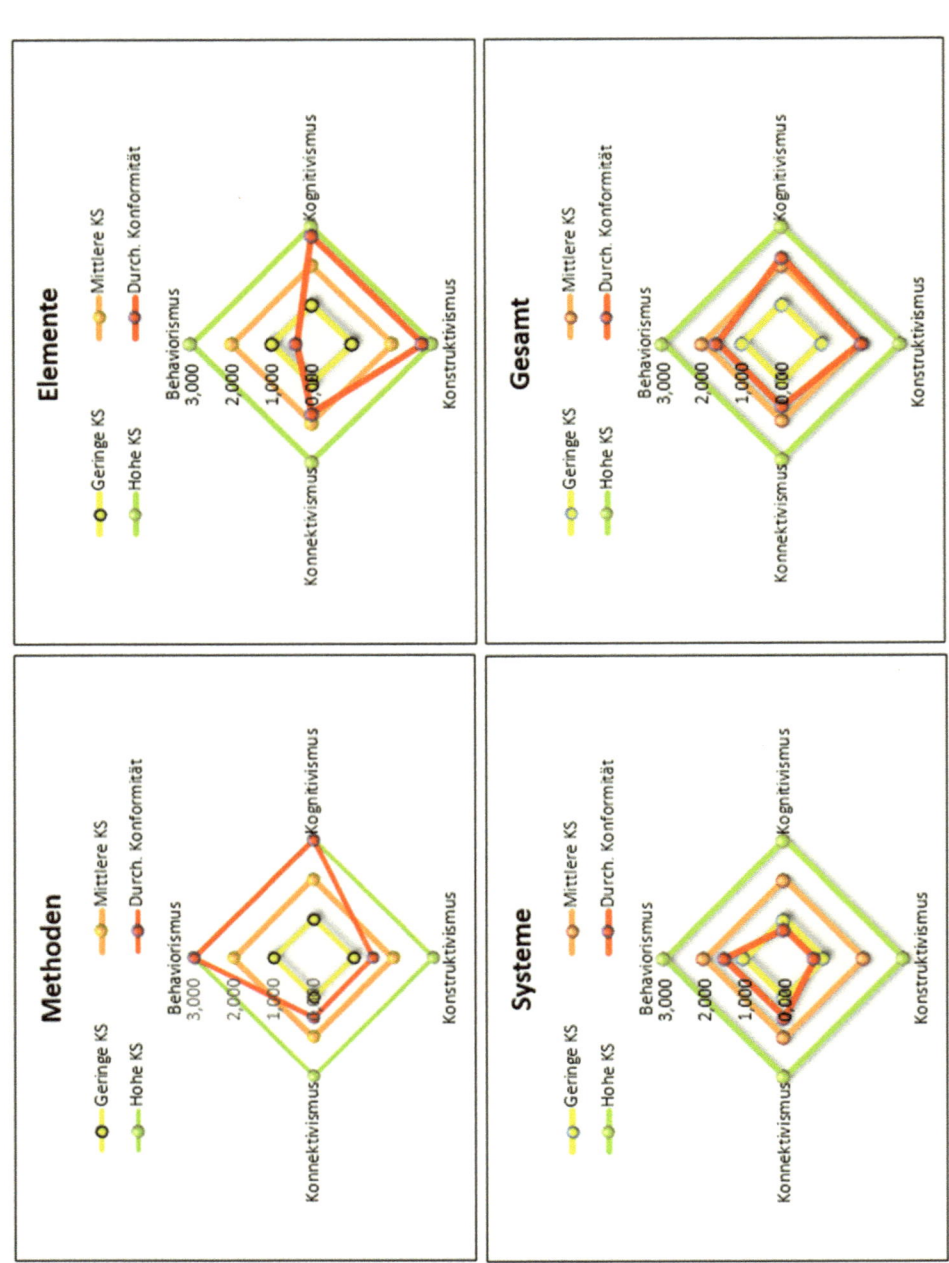

Abbildung 3: Netzdiagramme der Durchschnittlichen Konformitäten (DK)

Aus Abbildung 3 ist ersichtlich, dass die Methoden (oben links) durchschnittlich sehr konform zu Behaviorismus und Kognitivismus sind (rote Linie). Die Methoden sind im Durchschnitt nur gering (KS gering) bis mittelmäßig (KS mittel) konform zu Kognitivismus und Konnektivismus.

Die Elemente (oben rechts) sind durchschnittlich sehr konform zu Konstruktivismus und Kognitivismus. Die Elemente sind mittelmäßig konform (KS mittel) zum Konnektivismus. Eine Konformität zum Behaviorismus besteht kaum.

Die Systeme (unten links) sind durchschnittlich gering konform (KS gering) zu Kognitivismus und Konstruktivismus. Die Systeme sind im Durchschnitt nur gering (KS gering) bis mittelmäßig (KS mittel) konform zu Behaviorismus und Konnektivismus.

Insgesamt betrachtet (unten rechts) sind alle Methoden, Elemente und Systeme im Durchschnitt mittelmäßig konform (KS mittel) zu allen Lerntheorien. Zusammenfassend ist folglich grundsätzlich von einer durchschnittlich mittelmäßigen Konformität (KS mittel) zwischen E-Learning und Lerntheorien auszugehen.

In der Literatur finden sich Hinweise darauf, dass auch die inhaltliche Aufbereitung und die Art und Weise der Darstellung von Lerninhalten für die Akzeptanz von E-Learning von Bedeutung sind (nach REY 2009, S. 81 ff.). Diesbezüglich besteht noch Forschungsbedarf.

Literaturverzeichnis

Buchquellen

ALPAR, Paul; ALT, Rainer; BENSBERG, Frank; u. a.:
    Anwendungsorientierte Wirtschaftsinformatik.
    Wiesbaden: Vieweg + Teubner Verlag, 6. Auflage 2011.

ARNOLD, Patricia; KILIAN, Lars; THILLOSEN, Anne u. a.:
    Handbuch E-Learning.
    Bielefeld: W. Bertelsmann Verlag, 5. Auflage 2018.

BACK, Andrea; BENDEL, Oliver; STOLLER-SCHAI, Daniel:
    E-Learning im Unternehmen.
    Zürich: Orell Füssli Verlag, 2001.

BLUMSTENGEL, Astrid:
    Entwicklung hypermedialer Lernsysteme.
    Berlin: Wissenschaftlicher Verlag Berlin, 1998.

CLARK, Ruth; MAYER, Richard:
    e-Learning and the Science of Instruction.
    USA Hoboken: Wiley Verlag, 4. Auflage 2016.

DORSCH:
    Lexikon der Psychologie.
    Bern: Hogrefe Verlag, 18. Auflage 2017.

DUDEN-INFORMATIK:
    Duden Informatik A-Z.
    Mannheim: Dudenverlag, 4. Auflage 2006.

DUDEN-UNIVERSAL:
    Duden Universalwörterbuch.
    Berlin: Dudenverlag, 8. Auflage 2015.

ERPENBECK, John; SAUTER, Simon; SAUTER, Werner:
    E-Learning und Blended Learning.
    Wiesbaden: Springer Gabler Verlag, 2015.

ERTEL, Wolfgang:
    Grundkurs Künstliche Intelligenz.
    Wiesbaden: Springer Vieweg Verlag, 4. Auflage 2016.

HOLEY, Wolfgang; WELTER, Günter, WIEDEMANN, Armin:
    Wirtschaftsinformatik.
    Ludwigshafen: Kiel Verlag, 2004.

KARMASIN, Matthias; RIBING, Rainer:
    Die Gestaltung wissenschaftlicher Arbeiten.
    Wien: Facultas Verlags- und Buchhandels AG, 2010.

KERRES, Michael:
    Mediendidaktik.
    München: Oldenbourg Verlag, 3. Auflage 2012.

KLIMSA, Paul; ISSING, Ludwig:
    Online-Lernen.
    München: Oldenbourg Verlag, 2. Auflage 2011.

LEHNER, Franz; NÖSEKABEL, Holger; KLEINSCHMIDT, Peter:
    Multikonferenz Wirtschaftsinformatik 2006. Tagungsband 1.
    Berlin: GITO Verlag, 2006.

LEFRANCOIS, Guy:
    Psychologie des Lernens.
    Berlin, Heidelberg: Springer Verlag, 5. Auflage 2015.

METZ, Maren; THEIS, Fabienne:
    Digitale Lernwelt – Serious Games.
    Bielefeld: W. Bertelsmann Verlag, 2011.

NOLDA, Sigrid:
    Einführung in die Theorie der Erwachsenenbildung.
    Darmstadt: Wissenschaftliche Buchgesellschaft (WBG), 2008.

NÖTH, Winfried:
    Handbuch der Semiotik.
    Stuttgart: J.B. Metzler Verlag, 2. Auflage 2000.

OTT, Bernd:
    Grundlagen des beruflichen Lernens und Lehrens.
    Berlin: Cornelsen Verlag, 3. Auflage 2007.

REY, Daniel:
    E-Learning.
    Bern: Hans Huber Verlag, 2009.

RUSSEL, Stuart; NORVIG, Peter:
    Künstliche Intelligenz.
    Hallbergmoos: Pearson Deutschland GmbH, 3. Auflage 2012.

WISNIEWSKI, Benedikt:
    Psychologie für die Lehrerbildung.
    Bad Heilbrunn: Julius Klinkhardt Verlag, 2013.

WÖHE, Günther; DÖRING, Ulrich; BRÖSEL, Gerrit:
    Einführung in die Allgemeine Betriebswirtschaftslehre.
    München: Franz Vahlen Verlag, 26. Auflage 2016.

Internetquellen

GARTNER-GLOSSARY:
    IT Glossary.
    https://www.gartner.com/it-glossary/e-learning, 2018.
    15.05.2018.

LANGENSCHEIDT:
    Englisch-Deutsch Wörterbuch.
    https://de.langenscheidt.com/englisch-deutsch, 2018.
    15.05.2018.

SIEMENS, George:
    A Learning Theory for the Digital Age.
    http://www.elearnspace.org/Articles/connectivism.htm, 2014.
    24.05.2018.

SPEKTRUM:
    Lexikon der Psychologie.
    https://www.spektrum.de/lexikon/psychologie, 2018.
    15.05.2018.

WITTKE, Andreas:
    Warum E-Learning gescheitert ist.
    https://hochschulforumdigitalisierung.de/de/blog/warum-e-learning-
    gescheitert-ist, 2017
    15.05.2018.